BEI GRIN MACHT SICH IHR WISSEN BEZAHLT

- Wir veröffentlichen Ihre Hausarbeit, Bachelor- und Masterarbeit

- Ihr eigenes eBook und Buch - weltweit in allen wichtigen Shops

- Verdienen Sie an jedem Verkauf

Jetzt bei www.GRIN.com hochladen und kostenlos publizieren

Sabrina Weber

Einblicke in die Entwicklung der Jugendkriminalität

GRIN Verlag

Bibliografische Information der Deutschen Nationalbibliothek:

Die Deutsche Bibliothek verzeichnet diese Publikation in der Deutschen National-
bibliografie; detaillierte bibliografische Daten sind im Internet über http://dnb.d-
nb.de/ abrufbar.

Impressum:

Copyright © 2003 GRIN Verlag GmbH
Druck und Bindung: Books on Demand GmbH, Norderstedt Germany
ISBN: 978-3-656-07145-7

Dieses Buch bei GRIN:

http://www.grin.com/de/e-book/61788/einblicke-in-die-entwicklung-der-jugendkri-
minalitaet

GRIN - Your knowledge has value

Der GRIN Verlag publiziert seit 1998 wissenschaftliche Arbeiten von Studenten, Hochschullehrern und anderen Akademikern als eBook und gedrucktes Buch. Die Verlagswebsite www.grin.com ist die ideale Plattform zur Veröffentlichung von Hausarbeiten, Abschlussarbeiten, wissenschaftlichen Aufsätzen, Dissertationen und Fachbüchern.

Besuchen Sie uns im Internet:

http://www.grin.com/

http://www.facebook.com/grincom

http://www.twitter.com/grin_com

5. Fachsemester

Diplom-Rehabilitationspädagogik

Einblicke in die

Entwicklung der Jugend-

kriminalität

Humboldt-Universität zu Berlin

WS 2002/2003

Inhaltsverzeichnis

1 Jugendkriminalität und ihre Bedeutung in der Gesellschaft

Nach der strafrechtlichen Definition versteht man unter Jugendkriminalität Straftaten, die von strafmündigen Personen begangen wurden, welche zur Tatzeit 14 aber noch nicht 18 Jahre (Jugendliche) bzw. 18 aber noch nicht 21 Jahre alt waren (Heranwachsende). Dabei ist zu beachten, dass es nicht *die* Jugendkriminalität gibt, da sehr unterschiedliche Tatmuster und deren Bedeutung auftreten können. Bewertungen von Handlungen als kriminell sind abhängig von wandelbaren und sich verändernden Normen und Erwartungen der Gesellschaft. Überdies gibt es verschiedene Ebenen der Wahrnehmung der Jugendkriminalität. Da wären zunächst die prinzipiell strafrechtsrelevanten Handlungen, bei denen es jedoch auch vorkommen kann, dass sie gar nicht angezeigt, also nicht als kriminell wahrgenommen werden, oder aber einer Überbewertung ausgesetzt werden. Weiterhin gibt es die polizeilich registrierte Jugendkriminalität, welche die Tatverdächtigenzahlen wiedergibt, und die abgeurteilten oder verurteilten Straftaten. (vgl. Kastner / Sessar 2001)

Die öffentliche Vorstellung von Jugendkriminalität wird wesentlich durch öffentliche Debatten und Medien beeinflusst. Die laufende Diskussion in den Medien über Regeln und Normen, über soziale Erwartungen, wie sich Jugendliche zu verhalten haben, um diesen zu entsprechen, sowie darüber, was als jugendliches Fehlverhalten gilt, führt zu einer veränderten Aufmerksamkeit gegenüber Jugendlichen, zu Schwankungen in der Kriminalitätsfurcht sowie zu veränderter Anzeigebereitschaft. Dies hat wiederum Auswirkungen auf die polizeilich registrierte Jugendkriminalität und beeinflusst die Schwerpunktsetzungen der Kriminalitätskontrolle. Auf der Hand liegt, dass verstärkte oder verringerte Polizeikontrolle zu veränderten Tatverdächtigenzahlen führt. (vgl. Kastner / Sessar 2001)

Fraglich ist jedoch, warum gerade die Jugendkriminalität im Mittelpunkt des öffentlichen Interesses steht. Auffällig ist nach Meinung der Mehrheit der Mitglieder der Enquete-Kommission der Hamburger Bürgerschaft schon die Stigmatisierung durch den Begriff „Jugendkriminalität", der meist auch noch mit einem bestimmten Handlungsmuster, häufig dem von Gewaltdelikten, verbunden und am Persönlichkeitsmerkmal Alter festgemacht wird. Bezeichnungen wie Männer- oder Erwachsenenkriminalität werden demgegenüber gar nicht erst benutzt und es gibt auch keine typische Erwachsenenkriminalität, wohingegen oft von typische Jugendkriminalität ausgegangen wird. (vgl. Kastner / Sessar 2001)

Die Enquete-Kommission bietet verschiedene mögliche Gründe für diese verzerrte Wahrnehmung an. Da wäre zunächst die besondere Sichtbarkeit von Jugendkriminalität zu nennen. Diese zeichnet sich u.a. häufig aus durch geringe Tatkomplexität und –planung, erhöhter Geständnisbereitschaft, findet häufig im öffentlichen Raum statt, der auch erhöhter öffentlicher und polizeilicher Kontrolle ausgesetzt ist, besteht größtenteils aus Bagatelldelikten, v.a. Eigentums- und Vermögensdelikte sowie Sachbeschädigung. Aus diesen Merkmalen ergibt sich eine erhöhte Entdeckungswahrscheinlichkeit der Delikte und somit auch eine höhere Anzeigerate als in vielen Bereichen der Erwachsenenkriminalität. Fazit: Jugendkriminalität ist auffälliger als Erwachsenenkriminalität. (vgl. Kastner / Sessar 2001)

Ein Großteil der Jugendkriminalität kann durch besondere Eigenheiten der Jugendphase erklärt werden. Die Jugendlichen erfahren Veränderungen ihres Körpers und ihrer Beziehungen zu anderen. Sie müssen eine passende soziale und persönliche Identität ausbilden, wozu sie eigene Fertigkeiten ausprobieren und Handlungsspielräume austesten. Des weiteren müssen die Jugendlichen lernen, eigene Haltungen durchzusetzen. Diese Vorgänge sind alle mit der Suche nach Orientierungen verknüpft. Das Ziel dieser Phase ist die Integration in die Erwachsenenwelt, welche mit jugendtypischen Phänomenen wie der Suche nach Abenteuern, dem Eingehen und Fehleinschätzen von Risiken, Versuchen des Kräftemessens und dem Streben nach Anerkennung verbunden ist. Jugendliche sind keine vollwertigen Erwachsenen aber auch keine Kinder mehr. Allein aus der Besonderheit ihrer Position heraus stehen sie im ständigen Blickfeld der Öffentlichkeit. Und auch auf Grund dieser Position ist es weitgehend normal, dass Jugendliche gelegentlich den gesellschaftlichen Normen und Erwartungen widersprechen. Jugendkriminalität im leichten bis mittleren Schwerebereich ist ein allgemein verbreitetes Problem und eine überwiegend vorübergehende an den Entwicklungsprozess gebundene Erscheinung. Es ist empirisch widerlegt, dass Jugenddelinquenz zwangsläufig zu einer kriminellen Karriere führt. (vgl. Kastner / Sessar 2001)

Doch gerade weil Jugendkriminalität allgemein verbreitet und weitgehend „normal" ist, lässt sich das gesonderte Interesse an ihr nicht nur durch die Normabweichungen an sich erklären. Die Ängste der Erwachsenen gegenüber Jugendlichen und deren Versagen sind möglicherweise Befürchtungen um die eigene Zukunft. Die Jugend ist seit jeher das Symbol für die Zukunft der Gesellschaft, doch wird das häufig nicht bewusst wahrgenommen. Statt sich auf die Probleme der Gesellschaft zu konzentrieren und diese v.a. auch wahrzunehmen, wird das Problem Jugendkriminalität herausgegriffen und diskutiert. Laut der Mehrheit der Enquete-Kommission wird heute immer verstärkter auf Normtreue der Jugendlichen geachtet. (vgl. Kastner / Sessar 2001)

Die vorgestellte Herangehensweise an Jugendkriminalität geht von einer grundlegenden Gegenüberstellung der Jugend- und Erwachsenenwelt aus. Dabei wird Jugend als Opfer der übertriebenen und harten Ansprüche der Gesellschaft dargestellt. Dazu äußern sich einige Mitglieder der Kommission kritisch. Denn der o.g. Ansicht widerspricht zumindest teilweise, das immer stärker werdende Sich-selbst-Überlassen der Jugend und auch eine steigende Härte des Gesetzes ist nicht zu verzeichnen, es wird eher immer mehr auf die besonderen Bedürfnisse der Jugendlichen eingegangen. Demzufolge ist der Begriff der Jugendkriminalität auch eher eine Weiterentwicklung als eine Diskriminierung, denn seit dem ersten Jugendgerichtsgesetz 1923 wird gerade stärker auf die Belange und Bedürfnisse jugendlicher Straftäter eingegangen. Der Begriff „Jugendkriminalität" besagt also, dass Jugendliche andere Reaktionen auf kriminelles Verhalten erfahren müssen als Erwachsene. (vgl. Kastner / Sessar 2001)

Des weiteren wird im o.g. Ansatz meiner Meinung nach nicht ausreichend das Problem der Intensivtäter thematisiert. Die, wenn auch kleine, Gruppe der Jugendlichen, welche sich zu Kriminellen entwickeln, darf in der Betrachtung nicht außer Acht gelassen werden. Das Bild des ubiquitären Problems Jugendkriminalität muss an bestimmten Stellen differenziert werden und darf nicht zu einer Pauschalisierung der Jugend führen, denn es gibt ja eben nicht die einheitliche Jugend. Die Gefahr eines zu starken Herunterspielens des Problems darf nicht übersehen werden, gleichzeitig muss man allerdings auch vor Überbewertungen warnen. In dieser Hinsicht eine ausgewogene Darstellung zu erreichen, ist wiederum ein Problem für sich.

2 Umfang der deutschen Jugendkriminalität

Am häufigsten als Tatverdächtige und Verurteilte registriert sind die Vollerwachsenen[1]. Dies ist verständlich, da sie auch den höchstem Anteil an der Wohnbevölkerung aufweisen. Auf Grund dieser unterschiedlichen Verteilungen z.b. der Altersgruppen in der Bevölkerung sind absolute Zahlen in der Kriminalitätsstatistik wenig aussagekräftig. Die Standardisierung der Werte erfolgt durch die Berechnung der Tatverdächtigen- bzw. Verurteiltenbelastungszahl (TVBZ / VBZ), d.h. der auf 100.000 (z.B.: gleichgeschlechtlichen o. gleichaltrigen) Personen der Wohnbevölkerung bezogenen Zahl der Tatverdächtigen bzw. Verurteilten. Anhand dieser Zahlen zeigt sich, dass die Kriminalitätsbelastung bei jungen Menschen ein Mehrfaches der Vollerwachsenenbelastung beträgt.[2] Diese deutliche Überrepräsentation existiert jedoch nicht erst seit Neuestem, sondern ist auch schon in der ersten deutschen Kriminalstatistik von 1882 zu verzeichnen. (vgl. Heinz 2002)

---

[1] Jugendliche: 14 b.u. 18J., Heranwachsende: 17 b.u. 21J., Jungerwachsene: 21 b.u. 25J., Vollerwachsene: 25J. u. älter
[2] Aussagen beruhen auf Daten des Konstanzer Inventars Kriminalitätsentwicklung. Heinz, Wolfgang (2002): Jugendkriminalität in Deutschland. URL: www.uni-konstanz.de/rtf/kik/Jugendkriminalitaet-2002-9.htm, 30/31

Die Belastung gemessen an der TVBZ steigt vom 14. Lebensjahr an zunächst recht steil an, erlangt ihren Höhepunkt bei den Heranwachsenden und Jungerwachsenen und läuft dann ab dem 35. Lebensjahr allmählich aus. Schaut man sich die VBZ an, wird der Gipfel noch mehr in Richtung der Jungerwachsenen verschoben[3]. Dies liegt u.a. daran, dass die Spanne zwischen jugendlichen Tatverdächtigen und jugendlichen Verurteilten sehr viel größer als bei den anderen Altersgruppen ist. Dafür gibt es verschiedene Gründe. Zum Einen gibt es viele Fälle, bei denen der Tatverdacht nicht bestätigt werden kann, sehr oft werden verschiedene Personen verdächtigt, eine Tat begangen zu haben und zu guter letzt hat natürlich auch die Diversion einen Einfluss auf die Verurteiltenrate. (vgl. Heinz 2002)

Diese starke Überrepräsentation darf jedoch nicht einfach als Tatsache im Raum stehen gelassen werden. Sie kann etwas abgemildert werden, wenn man die Struktur also die Art und Schwere jugendlicher Kriminalität etwas genauer betrachtet. Typisch sind leichtere Delikte, es dominieren Eigentums- und Vermögensdelikte, zunehmend auch Rauschgiftdelinquenz. Wenig mildernd wirkt allerdings die Feststellung, dass auch Gewaltdelikte, v.a. Körperverletzung und Raub, einen großen Anteil der Jugendkriminalität ausmachen. (vgl. Heinz 2002)

Die Kriminalität der Jugendlichen ist überwiegend spontan und ungeplant, einfach strukturiert, wird eher im öffentlichen Raum und häufig gemeinschaftlich verübt. Daher ist sie eher sichtbar, leichter nachweisbar, leichter zu kontrollieren und hinzu kommt auch noch eine höhere Entdeckungs- und Aufklärungswahrscheinlichkeit auf Grund größerer Aussage- und Geständnisbereitschaft als bei Erwachsenen. Die Taten der Letzteren sind eher anzeige- und entdeckungsimmun, weniger sichtbar, komplexer und somit schwerer zu kontrollieren. Als Beispiele lassen sich nennen: Gewalt in der Familie, Betrug oder Steuerhinterziehung, Korruption und Bestechlichkeit, Waffen- und Menschenhandel etc. Weiterhin erzeugen viele der von Erwachsenen begangenen Straftaten höhere Schäden als die der Jugendlichen. (vgl. Heinz 2002)

3 Entwicklung der Jugendkriminalität

Jugendkriminalität wird v.a. wegen ihres Anstieges von der Öffentlichkeit als Problem empfunden. Das Zunehmen der polizeilich registrierten Gesamtkriminalität wird fast ausschließlich von jungen Menschen erzeugt. (vgl. Heinz 2002)

---

[3] Aussagen beruhen auf Daten des Konstanzer Inventars Kriminalitätsentwicklung. Heinz, Wolfgang (2002): Jugendkriminalität in Deutschland. URL: www.uni-konstanz.de/rtf/kik/Jugendkrimialitaet-2002-9.htm, 30/31

Die TVBZ aller Altersgruppen waren bis Mitte der 80er Jahre weitgehend konstant wenn nicht sogar leicht rückläufig, erst seit Ende der 80er kam es zu einem deutlichen Anstieg v.a. bei den Jugendlichen und Heranwachsenden, teilweise auch bei den Jungerwachsenen, doch nicht im selben Ausmaß. Die VBZ stiegen im Gegensatz dazu erst gegen Mitte der 90er an und bei weitem nicht so stark wie die TVBZ. Bemerkenswerterweise ist in den letzten Jahren allerdings wieder eine Abnahme der TVBZ /VBZ bei fast allen Delikt-, Alters- und Geschlechtsgruppe zu erkennen Die Ausnahme bilden dabei die schon oben erwähnten Gewaltdelikte, hier v.a. gefährliche und schwere Körperverletzung, bei denen sogar ein Anstieg der Belastung zu verzeichnen ist.[4] (vgl. Heinz 2002) Erschreckend ist besonders die neue Qualität der jugendlichen Gewalt. (vgl. Ziel 1996)

Leider gibt es in Deutschland keine repräsentativen Dunkelfelduntersuchungen in Form von Täterbefragungen. Lediglich Opferbefragungen wurden in bestimmten Personengruppen, z.B. bei Schülern, durchgeführt. Diese geben darüber Aufschluss, dass auch im Dunkelfeld ein Anstieg der Kriminalität zu bemerken ist, allerdings nicht so hoch wie in den Statistiken angegeben. (vgl. Heinz 2002)

4 Erklärungsansätze für den Kriminalitätsanstieg

Bevor ich allgemein etwas zum Hintergrund des Kriminalitätsanstieges und dann konkret zur Zunahme der Gewalt sage, möchte ich einige Einflussfaktoren darlegen, die zu einer falschen Wahrnehmung der Kriminalitätsentwicklung führen können. Statistiken geben nie die Kriminalitätswirklichkeit wieder. Ein Teil der begangenen Straftaten wird gar nicht erst entdeckt, andere entdeckte Taten werden vom Gesetzgeber nicht als kriminell bewertet. Zudem sind Statistiken meist zu den schwereren Deliktsformen hin verschoben, weil diese eher angezeigt werden. Und auch die Tatsache, dass Jugendkriminalität häufig in Gruppen verübt wird, steigert die Tatverdächtigenzahl. Neben diesen allgemeinen Erfassungsschwierigkeiten bedingt ein Anstieg der registrierten Kriminalität nicht zwangsläufig einen Anstieg der wirklichen Kriminalität. Es ist bis heute unklar, ob Statistiken nicht vielleicht hauptsächlich die Verschiebung der Grenze zwischen Hell- und Dunkelfeld wiedergeben. Ein wichtiger Faktor ist dabei das Anzeigeverhalten der Öffentlichkeit, welches in hohem Maße dem soziale Wandel unterliegt. Es hat sich mit der Zeit deliktspezifisch entwickelt und überwiegend ist davon aus-

---

[4] Aussagen beruhen auf Daten des Konstanzer Inventars Kriminalitätsentwicklung. Heinz, Wolfgang (2002): Jugendkriminalität in Deutschland. URL: www.uni-konstanz.de/rtf/kik/Jugendkriminalitaet-2002-9.htm, 37, 41-45

zugehen, dass das Anzeigeverhalten angestiegen ist. Weitere mögliche Einflussfaktoren auf die registrierte Kriminalität sind z.b. die Änderung der Verfolgungsintensität, der Verdachtsstrategien bzw. der Erledigungspraxis der Träger informeller sowie formeller Sozialkontrolle, Wandlungen in der Gesetzgebung bzw. Rechtsprechung (Die Zahl, der mit Kriminalsanktionen bewerteten Rechtsnormen hat sich im letzten Jahrhundert vervielfacht.), Modifikationen der Erfassungsgrundsätze für Statistiken oder des Registrierverhaltens der statistikführenden Stellen. (vgl. Heinz 2002)

Bevor man sich mit Statistiken zur Jugendkriminalität auseinandersetzt, sollten sich immer erst diese möglichen Einflussfaktoren bewusst gemacht werden, um die Gültigkeit der dargestellten Zahlen nicht zu überschätzen.

Für den trotzdem festzustellenden Anstieg der Jugendkriminalität werden seit langem Erklärungen gesucht. Ein erster Ansatzpunkt ist die Entstehung neuer Kriminalitätsformen, wie Videopiraterie und Raubkopien von Software, durch Änderungen sozialer, wirtschaftlicher und technischer Art. Beeinflusst werden kann dadurch auch die Straßenverkehrskriminalität sowie Ladendiebstahl. (vgl. Heinz 2002) Myschker betont das Zusammenwirken vieler verschiedener Faktoren und unterteilt diese in gesellschaftliche Bedingungen und individuelle Einflussgrößen. Zu den ersteren zählen deprivierende Umweltbedingungen und gesellschaftliche Straf- und Ausstoßungstendenzen als eher frühere Ansätze wie auch Arbeitsteilung, Urbanisierung, Anonymität, Leistungs- und Gewinnorientierung sowie Verminderung der Regulierungskraft der traditionellen Normen von Religion, Sitte und Konvention als heutige wichtige Variablen. Als individuelle Ursachen gelten v.a. mangelnde Sozialisation durch das Elternhaus und die Schule, mangelndes und defektes Selbstwertgefühl sowie der Konsum von Gewalt durch Medien, Videos und Computerspielen. (vgl. Myschker 1999)

Gemäß den Statistiken ist vor allem die Zunahme von jugendlicher Gewalt in den letzten Jahren sehr auffällig. (vgl. Ziel 1996) An diesem Thema möchte ich beispielhaft einige Ursachen des Kriminalitätsanstieges erklären. Zunächst nenne ich einige erschütternde Zahlen des Deutschen Kinderschutzbundes, die den Lebensraum Familie betreffen: demnach werden in Deutschland jährlich mehr als 1 Million Kinder misshandelt, weitere Hunderttausende sind extremer Gewalt ausgesetzt, 150.000 werden sexuell missbraucht. Diese Verhältnisse bilden eine der wichtigen Grundlagen für Gewalt. (vgl. Ziel 1996) Der Gewalt-, Jugend- und Konfliktforscher Prof. Heitmeyer sieht als Hauptauslöser für Gewalt emotionale Leere und fehlende Anerkennung der Jugendlichen in der Familie, im Freundeskreis und in der Gesellschaft. In der Jugendphase muss sich der Mensch in der Gesellschaft platzieren. Wenn dies nicht durch reguläre Mittel, wie z.b. gute Leistungen in der Schule oder auch körperliche Attraktivität, gelingt, wird es oft durch Stärkedemonstration versucht. Gewalt wirkt für einige Jugendliche anziehend, weil sie Sicherheit in der Gruppe schafft, (oberflächlich) Probleme löst und oft der leichteste Weg aus der heutigen allgemeinen Unübersichtlichkeit ist. Heitmeyer ist weiterhin der Ansicht, dass die identitätsstiftende Funktion der Arbeit in der heutigen Gesellschaft nachlässt. Demzufolge ist die alleinige Schaffung von Arbeitsplätzen kein Allheilmittel wie häufig behauptet. Diese aus der Arbeit fehlenden sozialen Identitätsmuster müssen durch andere ersetzt werden, was häufig durch starke kulturelle Identitätsmuster getan wird. Diese betonen wiederum jedwede kulturelle Differenz und bilden u.a. auch einen Grund für den immer noch währenden starken Ost-West-Konflikt unter Jugendlichen. Ein weiterer Einflussfaktor ist die zunehmende „Verbrüderung" der Generationen. Sie raubt den Jugendlichen nach Ansicht Heitmeyers Reibungspunkte und Auseinandersetzungen, in denen sie ernst genommen werden. Die somit abnehmende soziale Kontrolle müsste dadurch ausgeglichen werden, dass auch zunehmend über die erweiterten Möglichkeiten mit jemandem geredet werden kann. Dies geschieht jedoch selten, denn die sozial geteilte Zeit wird immer knapper. Doch gerade bei dieser Auseinandersetzung von Kindern mit Erwachsenen und umgekehrt werden Werte und Normalvorstellungen übernommen und entwickelt. Fällt dieses weg, ist es nicht verwunderlich, dass immer mehr Gleichgültigkeit unter Jugendlichen und v.a. bei jugendlichen Straftätern herrscht. (vgl. Gottschlich / Thieme 1996)

Heitmeyer vertritt einen möglichen Erklärungsansatz. Darüber hinaus existieren natürlich noch unzählige weitere Herangehensweisen an das Problem.

5 Schlussgedanken

Fasst man die geäußerten Erkenntnisse zusammen, ist erkennbar, dass die Entwicklung der Jugendkriminalität nicht so dramatisch ist, wie oftmals angenommen. In Bezug auf die letzten Jahre ist zwar in den Statistiken ein Anstieg zu verzeichnen, welcher allerdings nicht unbedingt auch die Entwicklung im Dunkelfeld wiedergibt, in vielen Deliktbereichen sind die Zahlen in den letzten Jahren jedoch wieder leicht rückläufig. Die „Problemkinder" der Jugendkriminalität sind die Intensivtäter und die zunehmenden Gewaltdelikte. In beiden Fällen trifft die Erklärung der Jugendkriminalität als allgemein verbreitetes, entwicklungsbedingtes Problem nicht zu. Es darf aber nicht nur einfach mit härteren Sanktionen reagiert werden. Um in diesen Bereichen wirklich Veränderungen zu erreichen, bedarf es langfristiger, allumfassender Prävention in Familie, Schule, Freizeit und auch Arbeitswelt, was unter den heutigen Bedingungen nicht nur finanziell schwer möglich ist. Ein geeignetes Konzept zur Kriminalitätsbekämpfung kann und möchte ich auch gar nicht darlegen, da das meine Kompetenzen bei Weitem überschreiten würde.

Literatur

Gottschlich, Jürgen / Thieme, Manuela (1996): *Gewalt ist sehr attraktiv. Konfliktforscher Wilhelm Heitmeyer über Brutalisierung, fehlende Anerkennung und Ost-West-Gegensätze der Jugendlichen.* URL: www.polizei.brandenburg.de/info110/5_96/heitmeye.htm [Stand 25. Februar 2003]

Kastner, Peter / Sessar, Klaus (Hrsg.) (2001): *Strategien gegen die anwachsende Jugendkriminalität und ihre gesellschaftlichen Ursachen.* Hamburg: LIT Verlag.

Myschker, Norbert (1999): *Verhaltensstörungen bei Kindern und Jugendlichen.* 3., überarb. Aufl. Stuttgart etc.: Kohlhammer.

Wolfgang, Heinz (2002): *Jugendkriminalität in Deutschland. Kriminalstatistische und kriminologische Befunde.* URL: www.uni-konstanz.de/rtf/kik/Jugendkrimalitaet-2002-9.htm [Stand 25. Februar 2003]

Ziel, Alwin (1996): *Prävention von Jugendkriminalität – Chance oder Dilemma? Rede des Innenministers des Landes Brandenburg, Alwin Ziel, auf dem Symposium des Landeskriminalamtes Brandenburg am 6. November 1996.*
URL: www.polizei.brandenburg.de/info110/symposio.htm [Stand 25. Februar 2003]